TROIS ANNÉES
DE POLITIQUE

Les Coulisses

du

Nationalisme

(1900-1903)

PAR

LÉON FATOUX

Ancien Officier de Chasseurs à pied

Ancien Délégué général de la " Patrie Française "

Prix : CINQUANTE CENTIMES

PARIS
IMPRIMERIE G. CHAPONET
7, RUE BLEUE, 7

1903

Les Coulisses

du

Nationalisme

(1900-1903)

PAR

LÉON FATOUX

Ancien Officier de Chasseurs à pied

Ancien Délégué général de la " _Patrie Française_ "

PARIS

IMPRIMERIE G. CHAPONET

7, RUE BLEUE, 7

1903

INTRODUCTION

Il n'entre pas dans mes intentions, en livrant les pages qui suivent à la publicité, d'enrichir la chronique scandaleuse d'un nouveau chapitre, ni de faire autour de mon nom une réclame de mauvais aloi.

Que ceux qui comptent y trouver quelques misérables questions de personnes, quelques dénonciations calomnieuses à l'égard des gens près de qui j'ai combattu durant trois ans, avec le plus parfait désintéressement, et dans le seul but de servir ce que je croyais une grande cause, que ceux-là n'aillent pas plus loin, leur espoir sera déçu.

Ce que j'ai voulu, c'est libérer ma conscience.

Des équivoques se sont introduites dans la politique, disait récemment en nous quittant un de mes amis, Pierre Richard.

J'en ai souffert réellement depuis quelques mois, parce que je me sentais contribuer involontairement à les perpétuer.

Devant l'évidence, j'ai eu le courage de rompre avec mes compagnons de lutte. Cela n'a pas été sans de pénibles et longues hésitations, car il répugnait surtout à mon caractère de penser qu'on pouvait interpréter cet acte comme une trahison.

Mais j'ai trouvé dans mes notes prises au jour le jour depuis trois ans, de quoi me rassurer.

Elles m'ont prouvé à moi-même que je suis resté

inébranlablement ce que j'étais lors de ma venue parmi eux, que c'était eux qui, subissant les conséquences fatales de certaines fautes, mais aussi des influences occultes, avaient manqué à leurs promesses et versé dans l'équivoque.

Cette constatation m'a donné l'idée de résumer ces notes et de les publier pour ma justification.

Telle est l'origine de cet opuscule.

Il aura l'avantage d'éclairer les nombreux hésitants qui sentent confusément qu'il se passe quelque chose et ne savent ce qui doit pour eux l'emporter de la fidélité à leurs convictions républicaines ou de la fidélité à un parti de rencontre où ils se sont enrôlés en un jour de colère ou d'entraînement.

Il pourra aussi, mais je n'ose trop y croire, l'expérience des uns profitant rarement aux autres, inspirer quelque prudence aux sincères et leur fournir plus d'un enseignement.

Enfin, et je le dis sans ironie, le groupe des fidèles lui-même y trouvera les causes de son impuissance, l'origine de ses fautes et la formule du remède!

CHAPITRE PREMIER

L'enrôlement.

Vers la fin du mois de mars 1900, je reçus la visite de M. de Saint-M.., qui avait relevé mon nom sur les premières listes d'adhésion au manifeste de la Patrie Française.

Il s'efforçait, me dit-il, de composer un comité à Vincennes et venait dans ce but solliciter mon concours.

Je lui répondis combien j'avais été enthousiasmé par la réponse éclatante qu'avait opposée la nouvelle Ligue aux prétentions exorbitantes des pseudo-intellectuels, d'imposer à leurs concitoyens leurs convictions sur l'innocence de Dreyfus et leur haine de l'institution militaire.

Il m'était impossible toutefois de l'aider efficacement.

Officier au 20ᵉ bataillon de chasseurs à pied en garnison à Vincennes, j'avais dû, grâce à mon état de santé, demander ma mise en non-activité, j'appartenais donc encore à l'armée ; d'autre part, je poursuivais alors avec ardeur la préparation du doctorat de droit, avec la secrète et naïve satisfaction de prouver à mes condisciples qu'un officier ayant dix années de service pouvait encore conquérir facilement ces parchemins qui semblaient constituer pour eux les droits à l'*intellectualisme*.

Toutefois je ne voyais aucun inconvénient à ce qu'il se recommande de moi près d'anciens officiers de mes relations.

Quelques jours après nouvelle démarche.

Notre député, Pierre Richard, inquiet de la composition du comité en formation qu'on lui avait représenté comme formé d'éléments cléricaux, s'était opposé à sa constitution définitive.

Toutefois, à la suite d'une entrevue, il était revenu sur sa première impression, en découvrant mon nom sur la liste de M. de Saint-M... et avait fixé comme condition *sine qua non* de sa neutralité que je fusse le président du nouveau comité, connaissant, disait-il, mes sentiments républicains et anticléricaux par nos relations antérieures.

C'est pourquoi M. de Saint-M..., au nom de ses amis et du comité-directeur, venait insister pour obtenir mon acceptation, faisant appel à mes sentiments d'abnégation, et aussi d'indignation devant les événements du moment.

Je demandai quelques jours de réflexion et j'étudiais la proposition qui m'était faite.

Au point de vue de ma situation militaire, je pensais pouvoir accepter sans outrepasser les droits de citoyen et d'électeur que m'accordait la loi sans préciser.

Au point de vue personnel, j'étais tenté de prendre part au grand mouvement qui semblait se dessiner, j'éprouvais le besoin de protester contre les attaques dirigées contre l'armée et l'esprit militaire, j'étais très surexcité par les incidents des récents procès, j'avais eu plusieurs conversations, avec mon ancien chef le général de Pellieux, qui m'avaient monté à l'extrême.

Les attaques contre l'institution militaire et l'état d'esprit des officiers, m'irritaient d'autant plus que j'appartenais à cette catégorie d'officiers très nombreux dans l'armée, sortis du peuple, et arrivés par leur travail et leur mérite. Je suis, en effet, un ancien élève de l'école communale, du collège Chaptal et du lycée Saint-Louis et je bondissais quand on nous représentait comme tous élèves des jésuites.

Depuis ma sortie de l'École, je m'étais fait un idéal très précis du rôle social de l'officier qui heurtait de front les nouvelles théories (1).

---

(1) Nous donnons à l'annexe un article paru dans les *Annales de la P. F.* du 1er décembre 1901 qui fixera le lecteur à ce sujet.

Mes idées étaient partagées par beaucoup de mes jeunes camarades désireux de voir introduire dans l'armée de profondes réformes, mais fermement attachés à l'institution elle-même.

Au point de vue républicain, les noms de Jules Lemaître jadis antiboulangiste, du radical Cavaignac, du général Mercier, de M. de Marcère, tous trois anciens ministres de la République, l'attitude sympathique de Jules Guesde et de Méline, suffisaient à me rassurer contre les reproches de néo-boulangisme qu'adressaient au nouveau parti les partisans du ministère Waldeck, soutenu lui-même par des conservateurs comme Conrad de Witt et Cornély du *Figaro*, et d'anciens boulangistes comme Jourde et Vacher.

Au point de vue politique, certains points du programme, d'ailleurs très vague, de la P. F. répondaient à mes principales préoccupations.

Mes études, que j'avais poussées durant mes dernières années de service du côté de la sociologie, avaient alarmé vivement mon patriotisme en me faisant constater notre infériorité manifeste vis-à-vis de nos voisins au point de vue politique, économique et social.

J'étais effrayé du désarroi où se trouvaient nos finances.

Ayant suivi jadis dans l'Aisne la campagne de Doumer, je me rappelais les attaques des radicaux contre la constitution monarchique de 1875 et j'étais porté à attribuer les causes principales de notre décadence au régime parlementaire tel qu'il est appliqué, c'est-à-dire faussé dans son principe.

Le parlementarisme anglais est en effet un régime coutumier allant sans cesse en se modifiant sous la pression des faits et des nécessités.

Or, en France, on le copia en l'enfermant dans les limites étroites d'une constitution écrite fort imparfaite, présentant des difficultés presque insurmontables aux innovations, aux corrections devenues nécessaires.

Le parlementarisme anglais est le résultat, l'aboutissant

d'une évolution séculaire durant laquelle s'est faite l'éducation politique du peuple.

En France, au contraire, on nous l'imposa sans tenir un compte suffisant de notre degré d'éducation politique ni de notre tempérament national.

D'où, grâce à l'état amorphe des masses électorales, l'influence déplorable du pouvoir et de ses cinq cent mille fonctionnaires dans les élections et la puissance de la franc-maçonnerie, secte organisée et agissante.

Enfin le parlementarisme anglais est basé sur l'alternance de deux grands partis, whigs et tories.

En France, au contraire, les partis se sont multipliés comme des champignons.

Ce qui nous perd surtout en France, disais-je au Congrès de Charleville, ce qui a vicié le régime parlementaire, c'est la politique de parti.

Depuis trente ans, nous avons gaspillé toute notre activité dans des luttes stériles pour porter au pouvoir tel ou tel parti, au programme indécis constituant beaucoup plus une chapelle, une secte, qu'une idée politique.

Les Français de la génération qui nous a précédés ont subi comme une altération du jugement. Ils voient à travers l'optique faussée des partis. Incapables de juger un acte politique au point de vue de ses conséquences pour l'intérêt général et national, ils le tiennent pour louable ou méprisable suivant qu'il émane de tel ou tel parti.

Et notez que ces partis ont tous changé de programme, que telle ou telle réforme est combattue aujourd'hui par qui la soutenait hier, et vice-versa.

Eh bien! messieurs, il est temps que cela finisse.

Cette politique décevante et stérile a fait son temps, l'évolution de notre société nous amène à une phase nouvelle. La *politique de parti* doit faire place à la *politique nationale*.

Aussi l'article du programme de la Ligue relatif à l'organisation du suffrage universel était un de ceux qui me séduisait le plus.

Secouer la torpeur de nos concitoyens, ouvrir leur intelligence à la notion de leurs devoirs civiques, les faire entrer dans les voies de la coopération en politique comme ailleurs, constituer des groupements locaux sur quelques idées simples, fondamentales, qui puissent être acceptées par tout homme de bonne foi, leur laisser ensuite une autotonomie complète, réaliser ainsi en partie l'apaisement dans le pays, préparer les voies à la république effective, au *self government*..... n'était-ce pas un but très tentant, très noble et très beau ?

Mais je voyais encore plus haut.

Lisez ce fragment d'une conférence faite à Vincennes.

Le nationalisme n'est pas une invention sortie de toutes pièces du cerveau des hommes qui sont à notre tête et si c'est une fièvre de notre corps social, c'est une fièvre d'enfantement.

Il plonge ses racines dans l'histoire comme dans l'état actuel de notre société ; il est fatal et irrésistible !

Essayons d'abord de le définir.

Toute institution possède à sa base une conception fondamentale dont elle procède et qui est le principe de l'institution.

La conception fondamentale du régime actuel semble être la lutte des intérêts et des appétits.

L'idée fondamentale du nationalisme dégagée de ses tendances politiques qui ne sont que des moyens, c'est l'idée de Patrie ; c'est l'idée d'une nation grande et forte, distincte par rapport aux autres nations, mais c'est, au point de vue politique et social, la réaction normale et fatale contre les tendances cosmopolites et individualistes du siècle qui se clôt.

Il est implicitement compris pour nous dans ces deux formules :

France d'abord, et la France aux Français.

Vico a dit « Le mouvement de l'humanité est une rotation éternelle » et Michelet exprimait la même idée : « L'humanité marche en cercle, mais les cercles vont toujours s'agrandissant ».

Toujours l'histoire recommence, mais chaque recommencement marque un progrès pour l'humanité.

C'est pourquoi quand nous nous souvenonsque la Grèce péricllita du jour où elle se laissa envahir par l'étranger, que de même Rome déclina du jour où *hostes et peregrini* furent admis au titre de citoyens romains, quand nous nous rappelons qu'à deux grandes crises de son histoire, la Francene fut sauvée que parce qu'elle sut repousser l'ingérence de l'étranger, tant il est vrai qu'on le trouve toujours souriant au chevet de tout peuple moribond.

Quand nous constatons que dans notre France d'aujourd'hui, il est partout, en littérature, en art, en industrie, en politique et que voici qu'on fait appel à lui pour arbitrer nos querelles intestines; nous crions gare !

Et, nous craignons de subir le sort de la Grèce, de Rome, de la Pologne si le nationalisme ne devient notre Messias.

Mais aussi, Messieurs, la vie des peuples est mesurée par d'immenses oscillations semblant tendre vers un état d'équilibre final.

Cela est vrai de tout ce qui touche l'humanité : les civilisations anciennes ont toutes succédé ou fait place à un état de barbarie; à toute époque de centralisation correspond une époque de décentralisation, toujours nous allons, emportés par une force mystérieuse d'un excès dans un sens à l'excès en sens inverse.

Dans la France politique, l'empire carolingien a fait place à la féodalité décentralisée et dénationalisée, celle-ci à la monarchie absolue qui en est l'antithèse, cette dernière à la Révolution.

En vertu de la même loi, l'individualisme et les idées humanitaires de la Révolution devaient ainsi atteindre une apogée et redescendre la pente en sens inverse; l'individualisme a donné naissance au socialisme, le cosmopolitisme au nationalisme.

En vertu de la même loi, nous allons passer de la phase de centralisation à l'excès qui empêche la réalisation de la République, à la phase de décentralisation qui en assurera le triomphe définitif.

Aux deux points de vue précédents, il devient toutefois nécessaire, pour comprendre les deux nouvelles étapes, d'introduire dans nos réflexions le second élément de notre loi, l'élément progrès.

Il semble devoir être marqué dans notre siècle surtout par la naissance du positivisme et par le développement de l'esprit scientifique.

Cet esprit influe sur les doctrines et les doctrines rejaillissent sur les faits. D'après lui, on ne croit plus à l'infaillibilité des lois obtenues par les méthodes déductives anciennes et, suivant la pensée favorite à Barrès, une loi n'est vraie que dans les circonstances de temps et de lieu où elle a été créée; changez l'une de ces circonstances et la loi pourra devenir caduque.

Cela suffit à prouver aux collectivistes que leur socialisme n'est pas une création scientifique.

A l'individu, centre de la vie sociale, à l'homme abstrait, *homo œconomicus* de l'individualisme, devait évidemment succéder l'idée de l'absorption de l'individu par l'État.

Mais n'oublions pas notre principe de relativité.

Les collectivistes sont partis de certains faits, tels que les progrès des sociétés anonymes, des grands magasins, des trusts; ils se sont trop pressés de conclure à leur généralisation, ils ont bâti de toutes pièces et subjectivement un vrai système de Ptolémée, mais que demain d'autres faits se produisent en contradiction avec ceux-là et tout l'échafaudage s'écroule.

Or, n'est-ce pas ce qui se semble se produire avec le développement des petits moteurs et la tendance très marquée du retour aux ateliers familiaux?

C'est à nous qu'il appartiendra de fixer la doctrine rationnelle, en arrivant à combiner les sphères d'action de l'individu et de l'État qui, depuis un siècle, gravitent éloignées et distinctes tendant à s'écarter comme sous l'action d'une force centrifuge redoutable pour la paix sociale, etc.

Ainsi donc, je pensais qu'à la faveur de l'état révolutionnaire qui régnait dans tous les esprits, qu'à la faveur de la nécessité qu'il y aura pour un parti neuf qui voudra devenir puissant de solutionner les conflits du capital et du travail, naîtrait un corps de doctrines politiques et économiques nouvelles basées sur la décentralisation, la représentation professionnelle et les doctrines d'économie nationale qui, depuis Dupont-White, se sont développées considérablement et ont trouvé un apôtre dans mon maître le professeur Caunès.

Rêve, utopie, chimère ! mais c'est justement le résultat le plus heureux de l'état militaire de garder à ses fervents cette générosité de pensée, cette provision d'illusions, ce tempérament d'apôtre... Quelques mois en contact avec les réalités de la vie politique et tout est remis au point... malheureusement.

Fort de la sincérité de mes intentions, de mon républicanisme, certain de trouver l'énergie nécessaire pour changer de voie si je m'apercevais que j'avais fait fausse route, j'acceptais d'être proposé à la présidence du Comité de Vincennes dans une réunion qui eut lieu le 21 avril 1900.

J'étais saisi dans l'engrenage.

Je me passionnais de plus en plus et, frappé par le manque d'organisation de la Ligue que je constatais un peu partout, j'écrivis à M. Jules Lemaître une lettre où je lui proposais de me consacrer entièrement à ce travail jusqu'aux prochaines élections.

« Ayant le pain assuré et n'étant pas marié, je suis indépendant. Il m'est indifférent de risquer ma situation militaire et ma pension. Je ne brigue rien, n'étant pas d'ailleurs éligible. Je m'offre à me sacrifier entièrement à votre œuvre de rénovation nationale et de défense de l'armée que j'aime passionnément, avec ce désintéressement, cette activité, ce dévouement qui sont nos qualités à nous autres officiers français. »

M. Lemaître accepta et en janvier 1901, je suis chargé de l'organisation politique de cinq départements de la région champenoise et de la partie de la banlieue que j'habitais.

J'ai tenu parole vis-à-vis de la Ligue et vis-à-vis de moi-même, puisque je viens de me retirer devant des tendances trop divergentes des miennes, après avoir travaillé pour elle durant trois années avec le plus complet désintéressement et sans en avoir tiré aucun avantage.

CHAPITRE II

Les Organisations nationalistes.

Ma première préoccupation, dès que j'eus une part de responsabilité et d'autorité, fut naturellement d'essayer de me rendre compte de l'étendue de nos forces.

J'étudiai de près les hommes et l'organisation des éléments hétéroclites qui constituent ce qu'on appelle le parti nationaliste.

Pour la P. F., point ne fut besoin d'une longue étude pour m'apercevoir que c'était la cour du roi Pétaud.

Lors de sa formation, on avait proposé à une assemblée tumultuaire réunissant les opinions les plus diverses l'élection d'une liste de personnalités devant former le Comité directeur. L'assemblée, par acclamation, y avait ajouté trois noms et le Comité directeur se trouva ainsi composé :

MAURICE BARRÈS, ancien député.

FERDINAND BRUNETIÈRE, membre de l'Académie française, Directeur de la *Revue des Deux-Mondes*.

GODEFROY CAVAIGNAC, député.

ÉDOUARD CLUNET, avocat.

FRANÇOIS COPPÉE, membre de l'Académie française.

CROUSLÉ, professeur à la Sorbonne (Lettres).

LOUIS DAUSSET, agrégé de l'Université.

ÉDOUARD DETAILLE, membre de l'Académie des Beaux-Arts.

JULES DOMERGUE, directeur de la *Réforme Économique*.

MARCEL DUBOIS, professeur à la Sorbonne (Lettres).

Foraix.

Alfred Giard, professeur à la Sorbonne (Sciences).

Dr Huchard, membre de l'Académie de médecine.

Vincent d'Indy, compositeur de musique.

Jeantet, directeur de la *Revue Hebdomadaire*.

Jules Lemaitre, membre de l'Académie française.

Longnon, membre de l'Académie des Inscriptions et Belles-Lettres.

De Mahy, député.

Mistral.

Colonel Monteil.

Edmond Perrier, membre de l'Académie des Sciences.

Petit de Julleville, professeur à la Sorbonne (Lettres).

Picard, membre de l'Académie des Sciences.

Frédéric Plessis, maître de conférences à l'Ecole Normale supérieure.

Maurice Pujo, homme de lettres.

Alfred Rambaud, sénateur, ancien ministre.

Gabriel Syveton, agrégé de l'Université.

Henri Vaugeois, professeur de l'Université.

BUREAU

Président d'honneur : François Coppée.
Président : Jules Lemaitre.
Secrétaire général : Louis Dausset.
Délégués : Maurice Barrès; Brunetière; Marcel Dubois; Giard; De Mahy.
Trésorier : Gabriel Syveton.
Secrétaire-adjoint : Henri Vaugeois.

Ce comité fut réuni une demi-douzaine de fois. Il offrit le spectacle de la plus parfaite incohérence, ce que voyant, le bureau ne le réunit plus et s'érigea en triumvirat.

Toutefois à l'époque où j'entrais à la Ligue, les délégués

généraux avaient acquis, de par l'exercice de leurs fonctions, une certaine influence, on avait pris l'habitude de les réunir tous les mercredis chez M. Lemaitre pour causer des questions courantes.

Ils eurent ainsi bientôt voix consultative et se constituèrent en véritable comité directeur, bien que choisis sans contrôle par le bureau, ne tenant que de lui leurs pouvoirs et par conséquent à son entière discrétion.

Ils étaient alors au nombre de sept : Noilhan, Andriveau, Coutant, Pottier, Le Corbeiller, Delsol et moi.

Pottier nous quitta bientôt pour fonder la *Voix Nationale*.

En revanche Oster, Grosjean, Paillet vinrent nous renforcer.

Tel était l'organe central.

Étudions les hommes qui le composaient.

D'abord le pavillon couvrant la marchandise, la personnification de la Ligue, Jules Lemaitre.

Le respect et la sympathie que je garde pour lui, me gênent pour tracer de sa personne un portrait trop réaliste.

C'est un écrivain d'un merveilleux talent, à l'ironie fine et mordante, qui mérite tout ce que des gens plus autorisés que moi lui ont décerné d'éloges.

Mais, au point de vue politique, il ne possède aucune des qualités d'un chef de parti.

Irrésolu, hésitant, trop bon pour savoir contredire qui que ce soit, il est à la merci de celui qui sait le manier.

Il partage généralement l'avis du dernier qui parle et souvent aussi celui qu'il prévoit devoir lui occasionner le moins de peine.

Très nerveux, très impressionnable, il est très inégal. Un matin il vous recevra en fumant une bastos et en grignotant des fruits contre la fatale pituite, il vous écoutera d'un air bonhomme, vrillant ses yeux malicieux dans les vôtres, coupant votre discours de mots heureux, étudiant la réponse qui pourra le mieux vous satisfaire.

Il sera plein d'entrain, de jovialité, prêt à l'action...

Le matin suivant vous le trouverez impatient, découragé, déconcertant... Ce matin-là parlez de tout et de rien, oubliez vite l'objet de votre visite car vous n'obtiendriez rien !

Il s'en souviendra le lendemain, vous en saura gré et ira spontanément au-devant de votre désir.

Il faut avec lui observer la même manière de faire que dans la pêche au brochet ! Lancez l'appât, si cela mord, laissez faire, tirez peu à peu, en rendant souvent la main... ne tirez pas trop vite, la proie prendrait peur, casserait tout et vous échapperait !

On a dit de lui que c'était un cardinal de Retz; c'est assez juste, mais un cardinal neurasthénique.

Dausset et Syveton comprirent ce caractère.

Ils acquirent une influence considérable sur lui en le déchargeant de tout le travail, en lui évitant des démarches importunes, le contact direct avec ses troupes.

Mais ils le chambrèrent si bien qu'il devint entre leurs mains un instrument vibrant à l'unisson de leurs ambitions.

Ils en usèrent tour à tour, parfois en même temps, et l'instrument rendit alors des sons lamentables.

Waldeck-Rousseau dit, parait-il, un jour, que la P. F. n'était qu'un champ clos où se mesuraient Dausset et Syveton.

Les deux champions n'étaient point d'ailleurs de même trempe.

Dausset brouillon et médiocre, enivré du coup de fortune imprévu qui l'éleva à la présidence du Conseil municipal, bourdonna quelque temps, se heurta à toutes les vitres sans en casser et retomba vite épuisé.

Syveton d'un tempérament autoritaire et cassant, mieux doué, plus tenace sut être un habile courtisan. Il écarta peu à peu Dausset et régna bientôt seul sur Lemaître... Nous étudierons plus loin sa dictature.

Une observation commune s'applique à ces deux hommes.

A des degrés différents, ils ne surent pas s'élever à la hauteur du rôle que le hasard et la chance leur offraient de jouer et ils restèrent des professeurs de seconde.

Il leur aurait suffi, les yeux fixés sur leur étoile, de se laisser porter par le flot grossissant ; ils voulurent analyser les causes de leur mouvement ascensionnel ; effrayés de leur insuffisance, tremblant que la foule ne s'en aperçut et ne les noyât, ils cherchèrent dans le flot quelques épaves, en firent un marchepied pour s'élever au-dessus... Le flot passa, le marchepied leur resta, mais il ne leur a pas permis de grimper bien haut.

Un député de Paris disait devant moi du plus élevé : Syveton ? Des attitudes, des invectives, et voilà !

Les délégués généraux dont je reparlerai au cours de cette étude formaient un groupe d'hommes jeunes, dont certains possédaient de précieuses qualités qui restèrent inutilisées faute de direction ; tenus en sous-ordre, ils ne surent jamais acquérir le degré d'autorité nécessaire pour réagir efficacement.

Si nous quittons les hommes et que nous descendions aux choses, que nous analysions le travail utile produit, le fonctionnement de la machine, nous allons ressentir une vive impression d'impuissance et de stérilité.

Aucun pouvoir, aucune responsabilité sérieusement délimités, aucun dossier sérieusement constitué, aucun service sérieusement organisé.

Les archives sont éparpillées entre trente-six mains. La seule base de travail rappelle le fameux carnet de Dillon; ce sont des fiches où Delsol a noté par départements les noms des députés, leur nuance, le nom de leurs concurrents.

Pour beaucoup de départements, il n'existera jamais autre chose.

Voulez-vous avoir une idée d'ensemble ?

Lisez le récit de ce petit incident.

Voulant connaître la situation dans les Ardennes, je

m'adresse successivement à Andriveau qui me répond qu'il n'y a rien de fait là-bas, à Delsol qui m'énumère scrupuleusement les noms des députés et leur nombre de voix, au bureau central où on me communique quelques noms d'adhérents, à Daussct qui me dit : « Carte blanche! »

J'écris à quelques personnes qui me semblent plus désignées pour me servir de correspondants et j'apprends... qu'un comité fonctionnait à Sedan depuis un an avec succès... C'était Syveton qui était au courant.

Un autre exemple non moins typique.

Au moment des perquisitions, on mit en sûreté les archives en un endroit éloigné... Elles y sont encore et tout le monde les a oubliées.

On vit au jour le jour, solutionnant les questions urgentes au petit bonheur.

Pas de service de presse, pas de service de propagande organisés. Quand un président de comité vient demander un conférencier, le délégué présent, s'il y en a un, lui énumère un certain nombre de noms au hasard ; à lui de se tirer d'affaire.

Combien de bonnes volontés inemployées, combien de zèles rebutés!

J'offris à Andriveau de nous charger tous deux d'une organisation rationnelle, d'opposer ce que j'appelais notre esprit militaire, pratique et méthodique, à l'esprit universitaire de nos amis.

Nous nous heurtâmes à l'inertie générale. Mais du moins, grâce à lui, Paris eut une organisation solide.

Si nous quittons la P. F. pour jeter un coup d'œil rapide sur les autres forces qu'elle eut, à son début, la noble ambition d'absorber, nous ne trouvons guère mieux ; au contraire.

La ligue des Patriotes, devenue la ligue des Républicains plébiscitaires, comprend dans ses rangs tous les militants du parti bonapartiste de Paris : c'est la garde impériale.

Son action ne dépasse guère les fortifications, mais dans Paris elle est une force active, grâce au dévouement, à la discipline des ligueurs, à leur culte de Déroulède; elle est la manifestation extérieure toujours prête; elle a pour terrain d'action la rue.

Mais le chef est loin et son horizon politique n'est pas bien vaste.

A cette époque, l'Action Libérale n'avait pas encore pris son importance actuelle qu'elle doit aux circonstances et à nos fautes.

Elle était pourtant en bonne voie d'organisation.

Son chef, M. Piou, avait été désigné, parait-il, par le cardinal Rampolla, faute de pouvoir décider l'acceptation d'Étienne Lamy.

Ce fut jadis un fin procédurier : il l'est resté.

Aussi le milieu parlementaire lui convient. Il excelle dans les guerillas du salon de la Paix.

L'abord facile, la parole est de miel, le regard caresse sans trahir la pensée, son geste bénit.

Quel bon prélat ferait M. Piou !

Astucieux et retors, il aime paraître ignorer.

On dit qu'il a toujours sur lui une biographie avec portrait de Winthorst, et que souvent il la consulte à la dérobée.

On lui a fixé comme tâche la reconstitution du parti catholique. Il s'y applique avec méthode.

Il organise des comités en donnant à chacun un bon directeur spirituel.

Les méchants esprits prétendent que, faute de mieux, le conseil de fabrique de la paroisse s'érige en comité.

Rochefort et Drumont, les deux oracles, avec leurs lecteurs qu'ils dispensent en général de réflexion.

Deux forces libres celles-là, indisciplinées, violentes,

incohérentes, si incohérentes qu'il n'y a guère de dynamo-mètre capable de les mesurer.

Passons donc aux alliés du parti, aux amis de M. Méline et à ceux de M. Jules Guesde.

Des premiers je répéterai l'opinion de M. Faguet :

« C'est un parti très honnête. Malheureusement il est la mollesse même, la faiblesse même, la timidité même et la pusillanimité même, ce qui fait qu'il est la nullité même. »

M. Méline acceptant une rencontre avec M. Jules Lemaître, la fixant chez une tierce personne, dans une rue discrète, s'y rendant à la tombée du jour, le col relevé, tremblant d'être vu comme s'il s'agissait de négocier avec l'empereur Guillaume, c'est tout M. Méline.

D'autres, d'ailleurs, dans ce parti, eurent la même prudence, mais peut-être moins de noblesse dans les scrupules.

Tel par exemple renommé pour son élégance, son esprit, sa situation dans l'État, ses mœurs, ses dîners, que sais-je encore, qui mit un pied dans toutes les petites conspirations, se glissa furtivement enveloppé dans un manteau couleur de muraille à la première réunion de chaque pour ne plus reparaître ensuite, mais continuer à donner discrètement des gages de sympathie... Il est toujours prudent, n'est-ce pas, de s'assurer des amis la fortune est si capricieuse !

On peut dire des éléments que nous avons passés en revue qu'ils ne valent souvent que par leur tête. Au contraire le parti progressiste ne vaut que par ses éléments locaux.

Représentant la note républicaine, conservatrice et libérale, il rencontre beaucoup de partisans dans la classe industrielle et bourgeoise.

J'ai eu d'ailleurs généralement l'occasion de constater que les hommes qui le représentaient étaient impopulaires, sans influence sur les masses électorales.

Il me reste à dire un mot des Guesdites.

Ici je m'arrête hésitant, n'ayant jamais contemplé que de loin la porte de la tour d'ivoire où pontifie l'Incorruptible.

Mais j'ai rencontré au pied de la tour tant de gens de mauvaise mine, prêts à toutes les besognes, j'ai dû négocier si souvent avec des *missi dominici* authentiques, que j'ai vus, au nom des grands principes, ne chercher le heurt avec le capitalisme qu'en tendant les mains pour en recueillir les rogatons, que je reste perplexe.

Le saint ermite ignore-t-il ? Ignore-t-il toujours ? Serait-ce la pression des dures nécessités ? Ce qu'on appelle une tactique de classe ?... Je ne sais.

Oublions donc les tarifs, et ne voyons parmi eux que les fédérations éparses dans le pays, dont quelques-unes sont prospères et ont donné de grands exemples.

Nous avons passé en revue tous les états-majors.

Vous ne serez nullement étonné si j'avoue que ce coup d'œil d'ensemble ne m'enchanta que médiocrement.

J'y vis dominer les éléments conservateurs, je me souvins du boulangisme, de sa fin misérable et je compris que là était le danger.

Ou nous, Patrie Française, prendrions nettement la tête du mouvement, — nous recruterions les éléments d'un parti vraiment nouveau dans le nombre sans cesse grandissant des républicains mécontents, — nous aurions une doctrine sociale nous permettant d'atteindre le prolétariat et tout en restant sur un terrain nettement et franchement républicain, nous réussirions à donner une orientation nouvelle à la République, en l'arrachant à la politique pure pour la fixer sur un terrain social et économique.

Ou bien au contraire nous serions débordés par les partis réacteurs et nous deviendrions un véritable danger social.

En faveur de la première hypothèse, j'escomptais beaucoup l'attitude de Cavaignac à notre égard, qui semblait marquer son désir de prendre la tête du mouvement ; j'escomptais surtout le bon sens des masses.

En faveur de la seconde hypothèse, je sentais en face de nos bonnes volontés éparses, de nos forces disséminées, le bloc des résidus du boulangisme unis par les luttes passées et par leur communauté permanente d'intérêts.

Je remarquais parmi nous les anciens artisans de la Boulange, et les courtiers des prétendants, Georges Thiébaud, Arthur Meyer, Jules Auffray, touché soudain par la grâce et devenu républicain, et tant d'autres !

Tous nos comités étaient remplis d'agents notoirement connus.

J'avais, il est vrai, déjà, le pressentiment que ce n'était pas de ces épaves que pouvait sortir la puissance suffisamment forte pour nous imposer sa direction.

Je remarquais que de toute part les catholiques obéissaient à une impulsion violente que favorisait l'attitude du ministère, et je redoutais davantage la renaissance d'un danger clérical.

Quant à l'anarchie du parti, je pensais qu'il nous restait encore dix-huit mois avant la bataille et que sous la pression des nécessités, on y remédierait.

CHAPITRE III

La Province.

Je restais quelque temps à essayer de découvrir autour de moi des éléments pouvant me servir de base ou de direction, mais ne trouvant rien, je m'attaquais courageusement au bloc mystérieux et troublant que formaient pour moi ces cinq départements : Aisne, Ardennes, Aube, Marne et Haute-Marne.

J'adoptais la méthode la plus simple. J'écrivis à nos adhérents ; puis un peu documenté, je me présentai aux élus connus pour leurs tendances favorables ou à des personnalités susceptibles d'achever de m'éclairer.

Je décidai alors, suivant le cas, d'agir directement, d'essayer de former des groupements, ou de me contenter de quelques correspondants et de faire sentir mon action par des négociations habiles avec les forces existantes.

D'autres fois encore, dans des centres acquis à tel ou tel parti, je me contentai d'observer.

Je pris comme objectif d'opposer le bloc de l'opposition au bloc ministériel, et en vue d'obtenir partout l'action parallèle, j'entrai en relation avec les hommes qui à la rue du Bac ou à la rue Las Cases, s'occupaient plus particulièrement de ma région.

Je n'ai d'ailleurs qu'à me louer des rapports que j'eus avec ces deux groupes à cette époque.

A titre d'indication, je vais passer en revue rapidement ce que je fis et ce que j'obtins dans chaque département.

Dans l'Aisne, un homme dirigeait sans conteste le mouvement libéral. C'était M. le sénateur Sébline. Courtois et habile, il a perdu avec les années sa belle ardeur d'autrefois, il n'a plus un contact suffisamment intime avec les éléments électoraux ; aussi n'a-t-il pas toujours la notion très exacte de la situation, mais il est doublé par un homme jeune, actif, dans toute la plénitude de ses facultés, M. Ermant le sympathique député de la première circonscription de Laon.

Du côté gouvernemental, le département manquait de direction, il n'en est plus de même maintenant depuis l'élection de Doumer.

Après quelques voyages d'études et quelques coups de sonde, j'abandonnai Château-Thierry, je négociai du côté de Soissons et de Vervins, je laissai Laon pour ne pas gêner Ermant, ni Doumer, ce dernier à cause de l'estime que j'ai gardé pour sa personne et de nos relations anciennes.

Je fis quelques conférences à Saint-Quentin et à Ribemont qui nous valurent la création de comités et des succès partiels aux élections d'arrondissement et du conseil général.

Malheureusement le mauvais choix d'un candidat nous fit perdre les résultats acquis.

Je réussis à imposer à Soissons la candidature Thery.

Les résultats d'ensemble furent insignifiants. La présence de Doumer pourra modifier la situation dans l'avenir

Dans les Ardennes je ne trouvai aucun appui parmi les élus ; Ternaux-Compans sentant sa fin prochaine était complètement découragé.

En revanche un jeune homme d'origine prolétarienne, Domelier, me fut d'un grand secours en mettant à notre service une conviction ardente et une ténacité remarquable.

Grâce à lui, surtout, j'eus l'illusion jusqu'aux élections d'avoir fait naître un mouvement.

Aussi ai-je multiplié les conférences à Sedan, à Charleville, à Vouziers, etc., et formé des comités dans tous les centres importants.

J'étais partout accueilli avec enthousiasme ; deux congrès virent réunis des délégués d'organisations ouvrières de toute la vallée de la Meuse.

Un séjour à Fumay qui représente en petit, mais en revanche poussée à l'extrème, la situation du département, eût dû cependant m'éclairer.

Fumay est un centre ardoisier, comptant une population essentiellement ouvrière.

Cette population est partagée nettement et également entre deux partis : les blancs et les rouges.

Un déplacement de quelques voix suffit à déplacer la majorité.

Ayant les blancs de mon côté, j'eus tous les rouges contre moi.

Et ne croyez pas que ces gens sont inconscients. Précisément à cause de leurs qualités combatives, ils sont périodiquement visités par les orateurs les plus connus de tous les partis ; ils sont instruits.

Ils sont tellement excités par la lutte de tous les instants, que l'arrivée à la mairie de l'un des partis marque pour l'autre une ère de vexations et de persécutions.

Un forgeron me racontait que le maire rouge ayant assisté à une cérémonie avec un chapeau d'étrange forme, les blancs en moquerie s'affublèrent de chapeaux aux aspects les plus comiques.

Le maire furieux prit un arrêté interdisant le port du chapeau haute forme sur le territoire de la commune.

O Thomas ! O Gessler !

Nous fûmes battus sur toute la ligne.

Dans l'Aube je me heurtai à l'influence occulte de M. Casimir Périer.

L'opposition obéissait soit à quelques hommes du parti progressiste, soit à quelques comités catholiques de l'Union nationale créés jadis par l'abbé Garnier et toujours actifs.

Je sentis l'inutilité de mes efforts à faire naître un mouvement autonome et je laissai le champ libre à l'excellent sénateur Rambourgt malgré d'actives démarches dans toute l'étendue du département et des conférences à Troyes et Romilly.

Dans la Marne j'abandonnai Châlons où je ne comptais que des adhérents catholiques compromis, Sainte-Menehould et Vitry où nous laissions toute liberté d'allure à Bertrand et à Perroche et je concentrai mes efforts sur Épernay et sur Reims.

J'y fis plusieurs conférences et organisai des comités à Reims, Épernay, Sézanne, avec des correspondants dans tous les centres. A Épernay nous fîmes passer Coutant.

A Reims j'eus toutes les peines du monde à m'opposer à ce qu'on combattît ouvertement Mirman pour qui j'ai toujours eu la plus grande sympathie.

Nous n'obtînmes d'ailleurs rien et nos organisations se sont évaporées malgré une grande manifestation à Reims où vinrent Lemaître et tout l'état-major. Je dirai tout à l'heure pourquoi.

Dans la Haute-Marne, où Mougeot lui-même est fortement battu en brèche, je fis quelques conférences à Chaumont et Wassy, abandonnant le terrain à trois jeunes avocats de mes amis.

Dessaint, Courtier et de Borssat.

Ces jeunes ont montré ce que peut la ténacité unie à l'intelligence.

Ils lancèrent, il y a peu de temps, à Langres un journal hebdomadaire de nuance républicaine libérale.

Ils firent de leur journal un centre d'opposition et d'action et ils firent tant et si bien qu'ils ont maintenant un bureau à Chaumont, un à Wassy, des correspondants partout et qu'ils ont supplantés en influence les progressistes veules et timides.

En dehors de ma région je participai aux grandes manifestations de Lyon, de Nancy, de Lillle, surtout, où plus de cinq mille manifestants nous firent des ovations inoubliables.

Tels étaient, malgré mes nombreuses tournées, mes correspondances actives, mes négociations, les résultats assez maigres que j'avais obtenus.

Un coup d'œil dans les cartons de mes collègues suffit à me prouver qu'ils étaient encore moins bien récompensés de leurs efforts.

Tant il est vrai qu'on improvise difficilement en politique, qu'il faut du temps, de la méthode, de la persévérance.

Mais aussi qu'en s'adressant aux éléments bourgeois uniquement, on tourne dans le même cercle, on touche les mêmes gens, on fait une besogne analogue à celle des managers qui font défiler toujours les mêmes figurants devant les spectateurs en les faisant tourner autour du décor de fond.

Nos éclatantes manifestations, ces salles remplies d'auditeurs emballés, ces congrès superbes, ces comités nombreux, n'ont servi qu'à nous tromper, qu'à nous faire illusion ; nous avons été battus.

Et s'il nous avait fallu une démonstration de la cause de nos désillusions, nous l'aurions eue depuis l'incident Coppée et l'extension de l'Action Libérale catholique, car toutes nos troupes, tout ce que nous appelions naïvement nos troupes, sont passées en bloc à cette organisation.

Envolés les comités des Ardennes, et ceux de Reims et d'autres lieux ; allez faire l'appel, tous nos adhérents ou à peu près, répondront présents, de la maison d'en face où flotte le drapeau du Sacré-Cœur.

Nous avions cru produire, nous nous étions trompés, nous avions seulement réveillé d'anciens groupements en sommeil mais comme ceux qui composaient ces groupements avaient toujours voté dans le sens où nous leur disions de le faire, cela n'a rien changé à la situation électorale, ou peu de chose.

J'ai négligé avec intention de parler d'une mission dont je fus chargé dans les centres ouvriers de Montceau et du Creusot, parce qu'elle est la conclusion naturelle de ce chapitre.

A la vue de ce qu'avait pu faire un aventurier, Maxence Roldes, dans ces milieux, comme lorsqu'on m'avait raconté déjà à Troyes son intervention dans les diverses grèves, je fus plus que jamais convaincu que c'était là, dans la classe ouvrière, qu'il fallait travailler, que c'était d'elle dont on pouvait espérer le salut.

Mais aussi qu'on ne pouvait l'atteindre qu'en parlant sa langue et en lui promettant quelque chose de certain.

Je fus plus que jamais convaincu de la nécessité d'un programme socialiste, et je pris la résolution de travailler de toutes mes forces à sa réalisation.

C'est à cette époque que j'écrivis plusieurs articles en ce sens dans les *Annales*. Nous reproduisons ici l'un d'eux, notamment, écrit au retour du voyage auquel je fais allusion, qui montrera combien je fus toujours dominé par la même pensée, par les mêmes espérances, j'allais dire, les mêmes illusions (1).

(1) Voir à l'Annexe « Le Spectre Rouge ».

CHAPITRE IV

La Mêlée.

Revenons à Paris.

Deux tentatives intéressantes avaient été abandonnées, toujours dans la crainte d'un contrôle, ou d'un partage d'autorité.

Grâce à l'esprit méthodique d'Andriveau, Paris avait reçu une organisation modèle que j'avais imitée dans la partie de la banlieue dont j'étais chargé.

Chaque quartier, chaque commune possédait un comité. Ceux-ci étaient groupés en fédération par circonscription, élisant un comité fédéral.

Sous notre inspiration Dausset prit l'initiative de réunir les présidents de tous ces comités.

Mais cette nouvelle assemblée qui pouvait devenir un organe puissant, ayant eu la velléité de discuter, on cessa de la convoquer.

D'un autre côté, on avait réuni chez Lemaître toutes les personnalités du parti et les élus de la Seine pour procéder à l'étude de la situation électorale.

C'était un peu tard, les esprits étaient déjà excités, les ambitions éveillées et les débats devinrent tout de suite très passionnés.

Ce que voyant, Cavaignac, Rochefort, Drumont, Galli furent seuls convoqués.

C'était donner voix prépondérante à l'indiscipline sans le modérateur de la discussion.

Aussi ce grand Conseil ne sut-il jamais trancher la moindre difficulté.

Il fut incapable de trouver la solution du problème qui se posait de savoir si les conseillers municipaux se présenteraient à la députation dans certains quartiers.

Il ne sut rien démêler dans l'imbroglio des candidatures; il s'arrêta aux choix les plus étranges et les plus imprévus.

Ce fut à cette époque que j'appris ce qu'était la politique. De tous côtés les candidats sortaient de terre et se livraient entre eux à des luttes acharnées.

Ils mettaient au service de leurs ambitions tout ce qu'ils pouvaient trouver d'influence, et ceux qu'on se plaisait à considérer comme les chefs du parti choisissaient parmi eux en obéissant à des considérations qui ne paraissaient pas toujours dictées par l'intérêt général.

Massart couvrait d'injures Andriveau envoyé au XIV⁰ par ordre, et Andriveau lui répondait en mettant sous les yeux des électeurs les articles du temps où ce nationaliste était antimilitariste.

Jousselin et Pugliesi-Conti menaçaient chaque soir d'en venir aux mains au XVII⁰, tandis que leur voisin des Batignolles, Lepelletier, soutenait une guerre ouverte avec les comités de la P. F.

Deux médiocrités têtues se disputaient l'honneur de tomber Brisson, et ce qu'il y a de plus énorme, c'est qu'ils y arrivèrent, et qu'on vit ce symptôme certain du mécontentement de Paris, Brisson remplacé par Tournade!

C'était partout le répugnant spectacle d'hommes n'obéissant qu'aux bas instincts de leurs intérêts personnels et se ruant à la curée.

Nous tous qui depuis de longs mois avions travaillé avec un complet désintéressement à une tâche obscure et ingrate, nous fûmes écartés de prime abord :

Nous n'exigions rien!

On nous offrit généreusement ce que dans l'armée on appelle les postes d'honneur, ceux qu'on ne se disputait pas et pour cause.

Le Corbeiller donna de la tête contre Coutant d'Ivry, Delsol contre Sembat, moi contre Maujan, etc.

On laissa Dausset se présenter contre Puech, cependant des nôtres, comme si l'on voulait dès maintenant exclure du parti les éléments avancés.

On porta Cloutier dans le IVe, préparant ainsi l'échec de Barrès.

On émit l'idée, et c'est Drumont qui fit cette trouvaille, d'opposer Léon Daudet à Millerand, alors que dans le quartier, mon ami Péchin avait une situation très forte, ignorée d'ailleurs de tous.

Car voilà bien la cause véritable de nos échecs : l'impéritie des gens à notre tête.

Tous ces intellectuels, tous ces publicistes en perpétuel mal d'enfantement, ne voient partout que sujet d'articles; ils ignorent absolument les situations, vivent dans des régions très élevées au-dessus des réalités, forment des chapelles où la flatterie, la flagornerie tiennent lieu de talent et de caractère.

« Delsol? répondait Drumont, quand on proposait notre ami aux Grandes-Carrières, connais pas. »

Non, Monsieur, vous ne le connaissez pas, pas plus lui que tous ceux qui furent les artisans obscurs, les apôtres sacrifiés, les sincères, les dévoués...

Vous ne les connaissez pas encore malgré leurs luttes épiques, leur courage, leur énergie aux Grandes-Carrières et ailleurs.

Mais vous connaissez et vous célébrez les cabotins et les histrions. Quand Delsol tient chaque soir une réunion publique où il risque sa peau, vous n'avez d'accents dithyrambiques que pour Barrès qui fuit devant le défi de Deville.

Il est vrai que le lendemain de la défaite, Barrès vous enterre, et Delsol est toujours debout sur la brèche!

Mais Delsol est un simple, Barrès un dieu, et Drumont un prophète.

Il va sans dire que ceci s'applique aussi bien aux autres « Chers Maîtres » qu'à Monsieur Drumont.

Galli seul, parmi eux, est un homme d'action; aussi lui ai-je toujours vu réussir à leur imposer sa volonté bonne ou mauvaise.

Mais revenons aux événements.

Quelle allait être l'attitude de la Ligue?

Elle pouvait dominer, rester l'arbitre des partis, s'inspirer des renseignements recueillis par ses délégués et chercher à faire entrer au Parlement quelques hommes sûrs, de caractère et de talent, ne devant qu'à elle leur élection et la représentant.

On raconte qu'un jour, à la sortie de l'Assemblée, Ernest Picard se trouvait dans un groupe assez nombreux de députés de la gauche. Quelqu'un avait émis cette idée que pour fonder la République il faudrait une majorité de républicains; un autre s'exclama: « Ah! si seulement nous étions deux cents! — Ah! Messieurs, leur dit Picard, si seulement nous étions cinq!... » A la P. F. on eut la prétention d'être deux cents, on ne fut que cinq, mais ces cinq valent... je crains d'être trop optimiste!

Ce fut la grande faute. On se transforma, sans d'ailleurs prendre l'avis de personne, en comité électoral.

On émietta son action dans toute l'étendue de la France, on alloua des subsides à des candidats de toutes nuances, mais surtout de nuances pâles.

On abandonna en revanche des candidats du parti, on leur rogna l'appui promis, les contraignant ainsi à subir d'autres influences.

Puis ce fut un tourbillon, un gouffre où disparaissaient des sommes fantastiques.

On avait fait les frais d'une confortable installation rue d'Argenteuil; Syveton y exila Daussel et alla planter son fanion rue de Grammont, dans des bureaux somptueux, au centre de sa circonscription.

C'était là que se pressaient les candidats accourus de tous les points du territoire.

Il y avait des jours et des heures où la caisse était ouverte, et ces jours-là on faisait queue comme au guichet du percepteur un jour de paiement.

Je ne saurais évaluer ce qui fut dépensé.

On a cherché évidemment et on cherchera à savoir d'où la P. F. tenait ses ressources, et je réjouirais bien la chronique scandaleuse si je nommais ici deux noms notamment, mais je ne le ferai pas, non pas tant par une discrétion à laquelle je ne me crois pas tenu, que parce que je crois sincèrement (je dis *je crois*, parce que Syveton n'a jamais rendu de comptes qu'à Lemaître et que peu de chose transpira à cet égard), je crois sincèrement que la plus grosse part provenait de contributions volontaires envoyées d'un peu partout et que la quote-part émanant des personnalités en question n'était pas suffisante pour leur assurer *ipso facto* une influence politique prépondérante.

On a reproché à Syveton, dans les milieux informés, je ne dirai pas sa discrétion, mais la façon dont il savait jouer de sa situation de pourvoyeur de la caisse pour imposer sa volonté, y faisant le vide ou la prospérité suivant les cas.

On lui a même reproché, et ceci est injuste à mon avis, d'avoir mené très grand train. C'est précisément en effet en se frottant au monde de l'argent qu'il réussit à en attirer.

Mais il eut évidemment mauvaise grâce en gardant en dehors de ses battues pseudo-aristocratiques le ton, l'arrogance et les allures d'un grand seigneur.

Il se fit ainsi beaucoup de tort à lui-même, en suscitant des antipathies profondes, mais aussi à la Ligue en froissant nombre de dévoués qui nous abandonnèrent.

Enfin la bataille s'engagea.

Pour ma part, je fis contre M. Maujan une campagne qui restera célèbre dans les annales de la deuxième circonscription de Sceaux, tant à cause de l'acharnement que de l'activité des deux champions.

Mon intention n'est pas d'entrer ici dans le détail de cette lutte, malgré tous les enseignements qu'on peut tirer d'une campagne électorale.

J'en dirai donc peu de chose.

D'abord le sentiment de dégoût que m'inspira cette ignoble cuisine.

J'étais parti plein d'illusions et d'ardeur ; le tableau de la curée de Paris me donna un haut-le-cœur, mais mon élection acheva mon complet écœurement.

J'appris à connaître le tarif des consciences, je vis, notamment, un maire donner sa parole devant sept cents personnes, la trahir et en être récompensé par le ruban rouge.

Je connus la trahison, la basse injure, la calomnie, les guets-apens, les mauvais coups dans l'ombre, l'humaine lâcheté, l'exploitation honteuse, le chantage monstrueux... Mais je m'arrête, car pour être juste, je dois me souvenir en revanche de la correction de mes adversaires, et des dévouements admirables de quelques vrais fidèles.

Une remarque aussi mérite d'être faite parce qu'elle vient à l'appui de la thèse que je soutiens ici.

Je me présentai avec l'étiquette : républicain, socialiste et libéral.

Mon programme était tiré en grande partie du programme socialiste de Tours et du programme radical de Lyon.

Je n'y avais inséré que le minimum des revendications du parti nationaliste.

J'expliquai le mot *libéral* en disant que la religion était affaire privée, qu'il fallait laisser chacun se tailler à sa guise « son roman de l'infini » et qu'adversaire résolu de tout empiétement clérical, j'étais aussi décidé à respecter et à faire respecter la liberté de conscience.

Mon effort porta principalement sur les milieux ouvriers et dans cette circonscription qui fut jadis la seule de la Seine rebelle au boulangisme, où les précédentes élections n'avaient donné que 4.000 voix au candidat républicain libéral contre 13.700 aux candidats radicaux et socialistes, j'obtins au premier tour 9.459 voix contre 7.206 Maujan et 5.234 Renier, et au second, après désistement régulier de Renier en faveur de Maujan, 10.556 contre 10.659.

J'avais donc gagné entre les deux tours, le nombre des votants étant moindre, 1.200 voix socialistes !

Le jour du scrutin, tout le monde se réunit rue de Grammont, et l'on passa la nuit à dépouiller les télégrammes arrivant de la province.

Tous se pressaient anxieux autour de la table où Lemaître et Cavaignac, aidés d'Oster, procédaient au pointage.

Plusieurs dames se trouvaient là, à qui Lemaître décochait de temps à autre quelque galanterie.

A l'arrivée de chaque courrier, c'était une explosion de joie ou de colère, à laquelle répondaient comme un écho les manifestations de la foule massée sur les boulevards devant notre transparent.

De temps à autre l'entrée d'un élu était saluée d'acclamations bruyantes.

Entre temps on additionnait, on multipliait, on se répandait en conjectures et en prévisions.

Mais quand arrivèrent les premières lueurs du jour, force fut bien d'avouer que ce n'était pas brillant.

Les optimistes escomptaient les ballottages nombreux.

« Les coquins ! grommela Coppée. Ils ont truqué les urnes, maquillé les bulletins, soûlé les électeurs... Après tout, ils ont raison d'en profiter, à leur place nous en ferions autant. »

Cette boutade ne parut pas du goût de Cavaignac qui fit une grimace.

Et l'on se sépara.

A la lumière du matin, ces hommes au visage verdi par la nuit de veille, me parurent des soldats s'éparpillant après la défaite.

Les ballottages ne furent guère meilleurs, et quand à la rentrée on se compta, on s'aperçut bien que la petite cohorte ne brillait ni par le nombre, ni par la valeur de ses éléments.

A Paris, notamment, où nous étions les maîtres, on avait fait passer quelques hommes de talent, mais peu soucieux de se compromettre plus avant en pareille compagnie et ne sortant pas à vrai dire de nos rangs.

Parmi les autres, à une ou deux exceptions près, c'était un niveau intellectuel lamentablement inférieur, une incapacité notoire de faire figure au Parlement.

Nos éléments de gauche s'étaient évanouis, en revanche nous gagnions à droite.

C'était l'impuissance fatale ou l'absorption par la droite ce fut les deux.

CHAPITRE V

Syveton Imperator.

A partir des élections, la décomposition s'accentue.

Un homme y contribua puissamment, ce fut Syveton.

Je relisais récemment ce qu'il écrivit de meilleur, son plaidoyer de 1899, *L'Université et la Nation*, et je soulignais cette phrase où il dit en parlant de la France :

« Nous entendons que, sans rien refuser au progrès des idées et des mœurs, il (le pays) évolue selon son hérédité catholique, selon son tempérament militaire, et j'aurais grande envie d'ajouter, quant à moi : selon sa tradition autoritaire. »

Voilà tout un programme, et comme dans une lettre écrite par une femme, où il faut toujours aller chercher l'idée principale à la fin ou au post-scriptum, c'est le dernier membre de phrase qui le séduit le plus.

C'est que lui-même est bien dans cette tradition.

C'est avant tout un autoritaire. Mais non pas un autoritaire à la façon de Napoléon, à la fois charmeur et conducteur d'hommes, souple ou cassant suivant le cas, mais un autoritaire violent, dédaigneux de ce qui n'est point lui, toujours disposé à briser ce qui ne paraît pas plier assez vite.

Dans une ou deux circonstances, Daussel et les délégués avaient fait échec à sa volonté, il profita du désarroi de la bataille pour les écarter.

Il confia à des agents payés une grosse part du travail, certain d'avoir ceux-là sous sa dépendance.

Puis après la défaite il nous représenta Lemaitre comme très découragé, très las, prêt à se retirer.

Le mot d'ordre fut donné d'éviter de l'importuner, d'aller l'entretenir des affaires courantes.

On cessa de nous réunir, Dausset fut tenu également soigneusement à l'écart, son véritable règne commença.

Il fut marqué par deux grandes fautes : l'incident Coppée et le Plébiscite.

Coppée, président d'honneur de la Ligue, s'était toujours effacé, au point de vue de la direction, derrière Lemaitre.

Scrupuleux observateur au début du contrat constitué par le programme, il avait consenti à tenir dans nos réunions un langage libéral et républicain et à éviter de crier « Vive l'empereur » ou d'entonner les louanges du Seigneur.

Mais depuis quelques mois, pris d'un beau zèle, il désirait se multiplier, être de toutes les manifestations.

A Paris où il était très aimé et très populaire, c'était parfait ; mais en province il n'en était plus de même ; surtout de ce fait que, cédant à sa franchise et à l'ardeur de ses convictions, il n'ouvrait plus la bouche sans affirmer sa foi ou son bonapartisme.

On a dit, et cela est très vraisemblable, que c'était là une tactique inspirée par l'Action Libérale, jalouse du nombre des catholiques qu'avait amenés Coppée à la P. F. et animée d'une sourde hostilité contre cette ligue « voltairienne » qui n'avait même pas su ménager un siège dans Paris à M. Piou.

La situation devenait délicate et exigeait du tact et du doigté.

On lui donna un dénouement brutal et incorrect.

Cavaignac, désirant convoquer nos élus au siège de la Ligue afin de former avec eux un groupe parlementaire, émit le désir que cette rencontre gardât un caractère absolument parlementaire, qu'il ne fût fait exception que pour Jules

Lemaître et que surtout, étant donnée l'orientation politique qu'il importait d'inspirer au groupe, Coppée n'y assistât pas.

Or, Coppée avait de son côté manifesté le désir de se rendre à cette réunion.

C'était ici qu'il eût fallu du tact : on lui envoya un délégué pour le prier de s'abstenir.

Froissé, il adressa un mot assez sec à Lemaître, qui répondit encore plus sèchement, et ce fut ainsi qu'on congédia cet homme, dont l'alliance avec Lemaître avait si bien personnifié le caractère libéral de la Ligue et qui avait sacrifié pour elle, sans marchander, sa santé et son repos.

Nous apprîmes ces circonstances par les journaux, et Syveton leur donna le caractère d'un petit coup d'Etat dont il était l'auteur.

Les résultats furent désastreux.

De toutes parts les démissions affluèrent.

L'Action Libérale en profita et recueillit une grande partie de nos troupes, la plus dévouée et la plus généreuse.

Si encore cette maladresse avait été le point de départ d'une nouvelle orientation politique plus à gauche ! Mais on proclama de suite que ce n'était qu'un coup de barre intempestif, une embardée maladroite qui ne changeait aucunement la direction.

Et pour bien le marquer, afin de ne laisser aucun doute sur notre incohérence, on fit une nouvelle embardée du côté droit pour compenser l'autre.

On organisa la première manifestation en faveur de la Liberté d'Enseignement. On adressa une circulaire à tous les adhérents, puis on prit l'initiative d'une pétition.

Afin de mieux souligner le caractère de cet acte, le texte, au lieu de rester dans des termes généraux sur la liberté, faisait l'éloge des sœurs enseignantes.

Au cours d'une grande conférence à la rue d'Athènes, Lemaître donna l'accolade à Coppée, et le bon poète, qui rêve toujours de barricades, brandit quelques jours plus tard son sabre de bois place de la Concorde à la tête des nôtres, dans une manifestation avortée grâce aux qualités organisatrices de ces dames du faubourg.

La rentrée nous ménageait mieux encore.

Le 12 novembre, un grand banquet offert par la P. F. à tous les élus nationalistes nous réunissait pour la première fois.

Au dessert, Lemaître se leva et prononça un grand discours-programme où il adoptait, parlant en son propre nom seulement, disait-il, il est vrai, la formule plébiscitaire de Déroulède.

Ce fut parmi nous une véritable stupeur, surtout quand Dausset nous eut déclaré que lui-même ignorait encore la veille ce qui allait se passer, et qu'il avait été impuissant à l'empêcher.

Nous savions d'ailleurs à quoi nous en tenir, car quelques mois auparavant, lors de l'apparition du *Drapeau*, nous avions dû nous insurger pour détourner Lemaître de céder à l'influence plébiscitaire de Syveton, et nous avions été impuissants à empêcher celui-ci et Coppée de collaborer à l'organe de Déroulède.

L'effet fut déplorable, surtout en province.

Nos comités, encore ébranlés par le départ de Coppée, virent les défections s'accentuer.

J'allais chez Lemaître me faire l'écho des protestations que je recevais de toutes parts et aussi avec l'idée de me séparer de la Ligue.

Sa bonhomie me désarma.

— Oui, oui, je sais pourquoi vous venez, me dit-il d'un air contrarié..., eh bien, oui, c'est une gaffe, je le reconnais..., je ne savais pas l'accueil que me ferait l'opinion..., je suis fixé maintenant..., le mieux est de laisser calmer cela, de ne plus en parler... nous verrons plus tard...

Je restai par attachement pour lui, bien que, changeant

d'avis, il ouvrit quelques jours après, dans l'*Echo*, un petit cours de droit constitutionnel en faveur de la théorie plébiscitaire.

Mais ce dernier incident m'impressionna vivement.

Jamais je n'avais tant été frappé par son irrésolution, sa faiblesse, son manque des qualités essentielles d'un chef de parti.

Je ne le revis d'ailleurs depuis que de rares fois aux banquets mensuels, car nous ne fûmes plus jamais réunis et nous restâmes étrangers aux élections de Barrès et de Goussot.

A côté de nous, grâce à nos fautes et aussi à la politique combiste, l'*Action Libérale* ne cessait de grandir.

M. Piou réunissait de puissants moyens d'action, ses amis disaient tout haut qu'ils prendraient la tête du mouvement, lors des prochaines élections.

Ils posaient en principe qu'ils préféraient échouer avec des candidats nettement de leur nuance, plutôt que de favoriser l'élection victorieuse de candidats non catholiques.

Le bruit de ma candidature aux élections municipales, en remplacement d'Auffray, souleva parmi eux de vives discussions, et malgré mes déclarations nettement libérales, je fus excommunié parce que j'étais matérialiste et que je n'étais pas marié religieusement.

Dans le dix-septième ils favorisèrent l'élection de l'adversaire de Goussot qui avait voté jadis la loi sur les Associations, oublieux du mot d'ordre auquel s'était ralliée depuis deux ans l'opposition, de faire partout systématiquement échec à tout candidat gouvernemental.

C'est-à-dire qu'ils démasquaient peu à peu leurs batteries, et montraient que sous le couvert de la défense de la liberté, il s'agissait vraiment de reformer en France un parti catholique.

CHAPITRE VI

Le Congrès.

Il était évident que le premier incident qui réunirait les délégués généraux serait le signal d'une révolution de palais.

Ce fut l'organisation du Congrès de juin qui déchaîna la tempête.

Le Corbeiller avait eu le premier l'idée de ce Congrès, destiné, en principe, à n'être qu'une manifestation de la vitalité de la Ligue.

Mais les délégués comprirent de suite le parti qu'ils pouvaient en tirer. Leurs relations personnelles avec les envoyés des comités provinciaux les rendaient, en effet, les maîtres de la situation, en leur permettant d'inspirer les discussions et de donner aux débats telle direction qu'ils jugeraient utile.

Ils étaient unanimes pour attribuer la décadence de la Ligue à l'influence néfaste de Syveton, à déplorer les fautes commises, à vouloir créer un contrôle sur les actes du bureau.

Ils voulaient enfin chercher à infuser à la Ligue un sang nouveau lui apportant un regain de vie et d'activité.

La question fut posée dès la première réunion.

Au milieu d'une discussion embrouillée à plaisir, les délégués firent ressortir l'état d'inquiétude et d'énervement des comités.

On s'y inquiétait de l'existence problématique du comité directeur et de l'incohérence apparente de certains actes.

Ils firent allusion à leur lassitude de la dictature Syveton, à son irresponsabilité, au manque absolu de contrôle de ses faits de gestion.

La bataille était engagée.

De notre côté, Le Corbeiller dirigeait l'attaque.

Sa modération, ses relations amicales avec Lemaitre lui donnaient de l'autorité. Il avait habilement préparé le président à l'examen de nos revendications.

Il avait essayé de lutter d'influence avec Syveton... Ce fut une journée des dupes.

Syveton sentait la partie décisive. Il multiplia les manœuvres habiles, les invitations à dîner aux hésitants et tenta de nous diviser.

Dausset l'aidait à lanterner, à remettre continuellement tout en discussion.

La tactique était de gagner du temps. La date du Congrès étant fixée et lancée, il fallait nous acculer aux derniers jours sans résolution prise.

Nous avions fini par tomber d'accord sur une formule de conciliation.

On proposerait au Congrès l'élection d'une commission exécutive, composée du triumvirat, de deux délégués élus par leurs collègues, de deux présidents de province et de deux de Paris.

Outre la direction provisoire de la Ligue, cette commission serait chargée de préparer l'élection en novembre prochain par un nouveau Congrès d'un comité définitif.

On avait fait observer que, d'après l'article 10 des statuts, les pouvoirs du Comité directeur actuel et virtuel expiraient en janvier prochain et qu'il était peut-être plus politique de ne procéder qu'à ce moment à son remplacement.

Nous pensions triompher.

Une attaque intempestive d'un de nos amis contre Syveton lui permit un petit coup de théâtre, une fausse sortie, qui suspendit la discussion qui avait monté à un diapason très élevé.

Nous étions joués! On nous convoqua quelques jours plus tard et Lemaître décida qu'il restait trop peu de temps pour aboutir avant le Congrès.

Celui-ci prit le nom d'Assemblée générale et la comédie se joua en trois actes dont voici le programme:

Au premier, séance d'ouverture le soir, les délégués écoutent les harangues des triumvirs ;

Au second, on leur promet une après-midi d'étude et de discussion.

A cet effet, quatre délégués généraux sont chargés d'établir un rapport sur les vœux envoyés par les comités, vœux répartis en quatre groupes : Organisation, action sociale, presse, politique générale.

On a calculé que, la lecture de chaque rapport durant trois quarts d'heure et la séance totale trois heures... le temps laissé à la discussion des congressistes serait largement suffisant... pour entendre deux discours des présidents de Lille et de Rouen sur leur organisation.

Au troisième acte, on exhibera en un banquet les phénomènes et les célébrités du parti ; ceux-ci parleront le soir en une séance de clôture.

Et vraiment si ces congressistes ne sont pas contents, c'est que ce seront d'incorrigibles bavards !

Et voilà !

Que pensez-vous de ces hommes qui prêchent le plébiscite, le referendum, l'appel au peuple ?

Ils ont une occasion d'appliquer leurs doctrines.

Ils peuvent se faire plébisciter, et par qui ? Par une assemblée triée sur le volet.

Ils peuvent demander à cette Assemblée ses désirs, s'inspirer de ses volontés.

Et voilà qu'ils la redoutent, qu'ils professent même à son égard un dédaigneux mépris.

Ce qui importe c'est d'étouffer toute discussion, c'est de fermer la bouche à ces bavards qui viennent ici pour placer un discours, c'est de se mettre en garde contre la maladresse de ces lourdauds de province qui viennent agiter leurs gros sabots dans nos plats si délicatement préparés.

Ciel et terre! mes dieux ne seraient-ils que des imposteurs?

Le programme fut suivi scrupuleusement.

Le premier soir Lemaitre, en un discours académique fort beau, annonça pour les calendes... de novembre, l'élection d'un nouveau comité directeur; il exposa cette idée originale, qu'à son sens, la solution plébiscitaire étant la seule désirable, il avait fait campagne en sa faveur depuis six mois, mais qu'on ne s'y trompe pas, elle n'était pas au programme de la Ligue, et lui, chef de parti, parlait seulement en son nom personnel. Quand il proclamait « le plébiscite il n'y a que ça », eh bien, cela n'avait pas plus d'importance que quand il disait à son domestique : « Séraphin, passe moi ma pipe ! »

Il n'y avait d'ailleurs qu'un seul moyen d'y arriver, c'était de l'imposer.

Cette solution lui paraissait également la seule, mais comme c'était encore une de ses idées personnelles, il valait mieux ne jamais en parler... Cela suffisait d'y penser toujours.

La vieille formule-programme de l'appel au peuple ne leur déplaisait pas; elle avait le mérite d'évoquer des souvenirs.

Pour l'instant, il fallait patienter; mais « il n'est pas défendu d'espérer, même avant 1900, l'imprévu ».

Serait-ce une promesse?

Le lendemain 9 juin, Andriveau, Le Corbeiller, Duval, Oster donnèrent lecture de leurs rapports respectifs, et proposèrent chacun le vote d'une résolution qui leur paraissait résumer les vœux exprimés par les comités.

Il y eut bien quelques protestations, on prononça le mot d'étouffement, mais tout resta dans l'ordre.

Cependant deux conclusions s'imposèrent avec force.

La première, c'était le refus de s'engager dans la voie de la confection d'un programme social.

Le rapport Le Corbeiller avait été volontairement vague. Un de nous voulut préciser.

Il développa cette idée que j'ai émise au début de cette étude, qu'un parti qui voudrait avoir une action sur les masses, devrait avoir un programme de réformes sociales et aborder de front les difficultés de l'heure présente.

Il rendit hommage en passant aux quelques lois ouvrières qu'avait édictées la République, notamment à la loi sur les accidents du travail.

Ce fut un *tolle* général.

Aux applaudissements de la forte majorité, un congressiste lui répondit en lui exposant la doctrine individualiste intransigeante et en repoussant comme l'abomination le principe de l'intervention de l'Etat.

Il avait traduit l'opinion du Congrès.

La seconde conclusion était une orientation plus accusée de la Ligue sur le terrain de défense religieuse.

C'était la conséquence imprévue de l'incident Coppée. On avait senti la faute commise, et, pour la réparer, on faisait machine en arrière et on dépassait à nouveau le but.

Le rapport Oster, traduisant cette nouvelle orientation, reçut naturellement dans ce milieu un accueil enthousiaste.

Il n'y avait aucun doute, et les conversations que j'avais eues avec les congressistes me le prouvaient autant que leur attitude, nos troupes n'étaient plus formées que d'éléments ultra-conservateurs.

Le lendemain, au banquet, les toasts prononcés accentuèrent la note en brodant sur ces deux phrases du discours de Lemaître :

« *Ce que nous souhaitons ne peut être réalisé que par des voies irrégulières ou par des voies légales. Les voies irrégulières... n'en parlons pas.*

« *Il n'est pas défendu d'espérer, même avant 1906, l'imprévu.* »

Le général Mercier insista sur la nécessité de se préparer afin de ne pas être pris au dépourvu par *l'imprévu.*

Andrieux but à ce dont Lemaître n'avait pas voulu parler et le précisa tout au long.

La chaleur communicative déliait les langues, on ne parla que de plaies et bosses.

Coppée fut l'objet d'une ovation enthousiaste.

A côté de moi, un de mes bons amis, retour de Saint-Sébastien, me racontait son entrevue avec Déroulède, l'intention que ce dernier avait eue de faire une descente en Bretagne lors des événements récents, sa résolution de ne pas attendre la fin de sa peine sans tenter un coup d'éclat.

Je sortis de cette réunion rêveur.

Malgré moi ma pensée se reportait à mes appréhensions dès mon entrée à la Ligue.

De ce que je venais de voir et d'entendre durant ces trois jours, je rapprochais la répugnance de Lemaître et de Syveton à accepter un contrôle.

Je me souvenais de certaines influences de nous connues, qui suffiraient à expliquer toute l'attitude de Lemaître durant ces dernières années.

Et comme c'est du côté féminin qu'il faut chercher la solution de ce qui paraît incompréhensible en politique, je songeais aussi à l'attitude connue de Mme Cavaignac.

Cette table d'honneur autour de laquelle étaient groupés Cavaignac, Mercier, Galli, Drumont, Thiébaud, Andrieux, Pollonnais et d'autres encore, représentait tout qui restait de nos forces, c'est-à-dire les éléments violents et réacteurs.

L'absence de Roche, de Grosjean, de Coutant m'avait frappé.

Ce que je savais de l'évolution de Rochefort, du *Petit Journal,* venait appuyer mes craintes.

La conclusion s'imposait à moi avec l'évidence du plein jour.

Le boulangisme avait dégénéré en un mouvement réactionnaire conduit par les prétendants, le nationalisme à son tour suivait la même voie, mais cette fois-ci c'était le cléricalisme catholique qui menait le branle.

Je ne pouvais appartenir plus longtemps à ce parti si je ne voulais risquer de me faire le complice de quelque louche besogne, si je ne voulais travailler au triomphe de doctrines que je combats, parce que je les juge rétrogrades et anti-sociales.

Après trois jours de réflexion qui ne firent que me confirmer dans cette impression, j'envoyais à M. Jules Lemaître ma démission.

CONCLUSION

J'ai donc reconquis mon indépendance.

Des trois années qui viennent de s'écouler, je retiendrai principalement deux choses.

D'abord le danger qu'il y a à s'inféoder à un parti, à s'enrégimenter derrière un état-major qui peut toujours avoir deux doctrines, une esotérique et une exotérique qui vous est seule connue, l'autre pouvant vous conduire à l'opposé du but que vous poursuivez.

Ensuite l'incapacité, l'impuissance où se trouve la classe bourgeoise de se tirer d'elle-même du mauvais pas où s'embourbe de son fait la société capitaliste.

Que de fois en présence de la veulerie et de l'inconscience des conservateurs ai-je senti la colère m'envahir, ai-je eu envie de leur crier :

« Vous autres bourgeois que ne domine qu'une préoccupation, la crainte de voir vos écus rouler de vos poches dans celle des gueux, prenez garde !

« Quand vos précieuses personnes ont les pieds sur les chenets, le ventre à table, le dos au coffre-fort, le regard béatement perdu dans la fumée d'un cigare qui représente plusieurs jours de salaire, n'entendez-vous donc jamais la rumeur qui monte de la foule obscure? ne distinguez-vous pas les cris de mort et de souffrance rugis par les gueules noires et les ventres vides?

« Prenez garde, notre vieille société pourrie commence à trembler sur ses bases.

« Quant à moi, entre vous et Jacques Bonhomme courbé sur le sillon, entre vous et Jean Roule brûlé par l'enfer de l'usine, je ne peux plus hésiter : c'est aux seconds que je vais; eux seuls gardent la réserve d'énergie capable d'accomplir encore de grandes choses ! »

Oui et c'est ma conclusion, je sors de cette épreuve plus convaincu que jamais que seul l'avènement du prolétariat peut amener la transformation désirable de la société actuelle, qu'il est la force puissante en voie de développement qui imprimera demain au vieux monde et à l'humanité son impulsion vers le progrès, et qu'il importe pour nous qui en avons conscience, d'en favoriser l'action.

C'est pourquoi je vais reprendre ma route délaissée depuis trois ans, vers l'aube de la République sociale, sans regretter ma dernière étape qui aura affermi mes convictions en débroussaillant mon cerveau de bien des préjugés et m'apprenant à connaître des hommes.

ANNEXES

Du rôle social de l'Armée (1).

Depuis de longs mois, nous sommes les témoins écœurés d'une campagne abominable dirigée contre nos institutions militaires, et j'ai été de ceux qui, bondissant sous l'outrage, se sont dressés devant les insulteurs, résolus à défendre avec la dernière énergie ce qui constitue la sauvegarde suprême de l'intégrité du sol national et de notre indépendance.

Heureusement nos protestations ont trouvé un écho dans la conscience populaire; avec son robuste bon sens, le peuple a répondu par le cri de « Vive l'armée! » aux misérables inconscients qui voulaient la détruire, et, si nous sommes encore en pleine crise, du moins voyons-nous le terrain déjà largement déblayé devant nous! L'idée de la nécessité absolue de l'existence d'une armée est redevenue incontestable, les attaques n'osent plus viser l'édifice entier et se contentent de ses parties constitutives.

Aussi, ayant été jusqu'ici de ceux qui pensaient qu'il importait de faire bloc, de ne laisser entamer en rien nos institutions militaires, de se défier de toutes les critiques venant de gens qui se reconnaissaient eux-mêmes ses ennemis jurés, je pense qu'il est peut-être temps maintenant de jeter un coup d'œil en arrière, de reprendre avec sang-froid la campagne depuis son origine, d'en étudier les causes profondes et de chercher les remèdes préventifs au retour de pareils assauts.

« C'est le temps, dit Gustave Lebon (2), qui accumule cet immense détritus de croyances, de pensées, sur lequel naissent

(1) Extrait des *Annales de la P. F.* du 1ᵉʳ décembre 1901.
(2) *Psychologie des foules*, liv. II, chap. I, § 3.

les idées d'une époque. Elles ne germent pas au hasard et à l'aventure, les racines de chacune d'elles plongent dans un long passé. Quand elles fleurissent, le temps avait préparé leur éclosion, et c'est toujours en arrière qu'il faut remonter pour en concevoir la genèse. Elles sont filles du passé et même de l'avenir, esclaves du temps toujours. »

Quelles ont donc été les causes profondes de la présente crise antimilitariste?

J'en vois de nombreuses, mais je crois que la plus importante réside dans notre loi de recrutement si vivement, et il faut le dire bien haut, si justement prise à partie lors des dernières discussions sur le service de deux ans.

C'est elle qui a permis à certains égarés d'opposer l'armée à la démocratie, parce qu'elle est essentiellement une loi de privilèges sociaux, parce qu'elle ne répond plus à la fonction nouvelle que l'évolution de notre société moderne a fixée à l'armée, parce qu'elle n'est qu'un remaniement de nos lois anciennes appartenant aux âges disparus.

Pour être forte, l'organisation militaire d'un peuple doit logiquement découler de sa constitution politique. Quand les institutions se modifient, les bases de l'armée doivent se modifier parallèlement. Celle-ci acquiert toute sa force lorsque son organisme correspond intimement à l'état social du pays.

« S'il n'en est pas ainsi, l'armée peut se trouver vieillie, par rapport aux progrès de la nation, qui est alors mal servie : quelquefois même un fossé se creuse entre elle et son armée au grand détriment de sa puissance (1). »

L'armée pouvait n'être en effet qu'un organe de défense dans une société où elle constituait à vraiment parler un organe spécial, où la guerre était presque l'état normal; elle ne saurait plus n'être que cela dans une démocratie où toute la nation doit passer dans ses rangs, où elle est la nation armée, où la guerre n'est plus qu'un accident, ou bien elle est condamnée à l'atrophie comme tout organe qui ne fonctionne pas.

Elle a un rôle nouveau, elle doit devenir l'organe de régéné-

___

(1) *Les tendances nouvelles de l'armée allemande (Revue des Deux-Mondes*, 1ᵉʳ sept. 1901).

ration du corps social, l'instrument de rénovation de notre société décadente.

Et que faut-il pour cela ?

Il faut qu'elle soit basée sur une loi de recrutement véritablement démocratique.

Il faut que toute la jeunesse passe sans exception sous les drapeaux et que disparaissent toutes exceptions basées sur des intérêts particuliers, secondaires devant la grandeur du but à atteindre.

Il faut surtout que la libération anticipée devienne « une prime légale à la valeur professionnelle » (1), que ce ne soient pas ceux à qui leur situation de fortune a permis d'atteindre un diplôme qui fassent le moins de service, mais bien ceux-là qui, dans des examens rigoureux, justifieront d'une connaissance approfondie de leur métier de soldat.

Le jour où pareille loi serait adoptée, c'en serait fini de l'encombrement des carrières prétendues libérales, notre jeunesse cesserait de s'étioler dans l'air vicié des amphithéâtres, de se déséquilibrer en se torturant exclusivement le cerveau pour ingurgiter des programmes compliqués à loisir !

Sachant qu'il leur faudra faire preuve d'aptitudes réelles au métier des armes pour être exemptés d'une partie du service, les jeunes gens s'entraîneront aux exercices physiques, ils nous prépareront une génération robuste, vigoureuse, ayant retrouvé le goût de l'action, et, soyez-en certains, une nation virile où régneront un peu moins qu'aujourd'hui les utopies et les chimères.

Au point de vue militaire d'ailleurs, l'armée y gagnerait des hommes plus vigoureux, mieux préparés à la guerre moderne, des cadres excellents recrutés dans l'élite même de la nation.

Mais à côté de ce rôle incombant à une armée démocratique et nationale et s'appuyant sur une réforme profonde et désirable de la loi sur le recrutement, n'existe-t-il pas aussi pour elle, dès maintenant et dans l'état actuel des choses, un véritable rôle d'éducation ?

(1) Le Chatelier, *La défense nationale* (*Revue générale des Sciences,* Janvier 1900).

J'ai sous les yeux des notes prises par moi à deux époques récentes où la question souleva de nombreuses polémiques à propos du rôle social de l'officier.

Voici d'abord une étude remarquable du colonel Liautey datant de 1891 (1), puis d'autre part les conclusions adoptées par le Congrès de l'éducation sociale présidé par Léon Bourgeois en 1900.

Le rôle de l'officier y est envisagé de façons différentes :

Le colonel Liautey fait résulter leur action d'un simple *état d'esprit* à créer parmi eux, surtout par les écoles militaires.

« Que les officiers soient convaincus de leur rôle social, qu'ils en portent constamment la préoccupation dans l'exercice de leur profession, et celui-ci, par la simple introduction de ce ferment, apparaîtra transformé, sans perdre ni en rigueur, ni en sévérité. »

Les conclusions du Congrès, au contraire, tendent à faire de l'officier un véritable fonctionnaire chargé officiellement, suivant des programmes arrêtés, de l'éducation post-scolaire.

Avoir une pareille idée du rôle de l'officier, c'est méconnaître entièrement sa raison d'être, c'est faire preuve d'une ignorance absolue des conditions d'existence de l'armée elle-même, c'est faire œuvre de désorganisation.

La conception du colonel Liautey, au contraire, a pénétré profondément dans la jeune armée. Les officiers des générations nouvelles ont renoncé depuis longtemps à placer leur idéal dans une carrière de guerres et d'aventures pour comprendre « la conception féconde du rôle moderne de l'officier devenu l'éducateur de la nation entière ».

Ils ont conscience de la gravité et de la noblesse de leur tâche et beaucoup sont de véritables apôtres. En contact continuel avec leurs hommes, ils apprennent vite à les connaître, à les entourer d'une sorte d'affection particulière et vous n'en trouverez jamais qui, séparés d'eux, ne les regrettent et ne se rappellent avec émotion les marques de dévouement et d'attachement qu'ils en ont reçues.

C'est que le soldat, c'est le fils du peuple de France, le gas de vingt ans au cœur tout neuf avec les idées généreuses de la

(1) *Revue des Deux-Mondes*, 15 mars 1891.

race, avec son chauvinisme latent qu'un mot, un geste, un regard du chef réchauffe et enfièvre.

Au plus fort de la campagne antimilitariste, chaque jour nos officiers recevaient de leurs hommes libérés des protestations indignées de confiance et d'estime, tant il est vrai que ce milieu où l'on vit en commun dans l'accomplissement souvent pénible d'un même devoir est le plus réfractaire aux excitations à la haine des classes, tant il est vrai aussi qu'il est le plus propice pour faire comprendre aux hommes « que sur les ruines des hiérarchies disparues, la nécessité sociale de la discipline, du respect et de l'abnégation ne cessera pas d'être — et que l'armée sera toujours la meilleure, sinon la seule école, où s'apprendront ces vertus ».

Léon Fatoux.

Le Spectre Rouge (1).

La *Patrie française* s'est proposé, entre autres objets, la lutte contre le collectivisme. Il lui faut, pour atteindre ce but, montrer sous son véritable jour l'utopie allemande, lui substituer un corps de doctrines rationnelles et nationales, tirer de leur torpeur la masse des indifférents et les amener à prendre part au combat acharné qui s'annonce et se terminera, soit par le triomphe de l'idée nationale amenant une ère nouvelle de progrès et de prospérité, soit par le triomphe des Social-Lucullus, amenant une régression encore plus accentuée et peut-être la ruine et la mort!

C'est certainement cette dernière partie de la tâche qui est la plus difficile à remplir. Contre nous, en effet, se liguent l'indifférence criminelle des uns et la méfiance, hélas, trop justifiée des autres... ils ont été si souvent trompés !

La majorité pense qu'on exagère, que le danger n'est pas aussi menaçant qu'on veut bien le dire. Ils croient que nous jouons du spectre rouge comme nos gouvernants ont joué depuis trente années du spectre clérical — ils ne comprennent pas la gravité

(1) Extrait des *Annales de la P. F.*, 5 août 1901.

des faits et gestes de ce ministère qui assure lentement mais fatalement le triomphe et la réalisation du programme de Saint-Mandé.

Ils devraient cependant méditer cet appel qui termine le manifeste communiste de Marx et d'Engels :

« Que les classes régnantes tremblent à l'idée d'une révolution communiste. Les prolétaires n'ont rien à y perdre, hors leurs chaîne. Ils ont un monde à y gagner! »

Non, le prolétariat n'a rien y perdre en apparence et on peut facilement l'en convaincre. Là est le danger !

Rappelez-vous le rapport sur la situation des classes ouvrières présenté à la Chambre des députés en 1875 (*Journal officiel*, 14 août 1875) et qui contenait cet aveu :

« Aujourd'hui une famille rangée, économe, laborieuse, dont les membres sont bien portants et à qui le travail ne manque pas, peut suffire à ses besoins, mais dès qu'une de ces conditions n'est pas remplie, les privations commencent. »

Et cette conclusion inquiétante nous la retrouvons dans tous les auteurs qui se sont occupés de la question, quel que soit le parti politique auquel ils appartiennent, depuis des économistes comme Leroy-Beaulieu et Maurice Bloch jusqu'à Mgr Dontreloux dont le Père Antoine cite les paroles suivantes en terminant un chapitre de son livre consacré tout entier à cette question (1) :

« Que ceux qui voudraient douter de la réalité de cette situation besogneuse (la misère imméritée des ouvriers) consultent le tableau des budgets des ménages d'ouvriers que l'on a dressé officiellement sur différents points du pays, ou mieux encore, qu'après avoir repassé dans leur esprit les améliorations successives introduites dans leur propre existence depuis leur jeunesse, ils vous accompagnent dans la visite de vos familles ouvrières, qu'ils voient et qu'ils entendent ce que l'on voit et ce que l'on entend dans les familles sobres et honnêtes, qu'ils s'informent du nombre de ces familles secourues, ici par nos œuvres catholiques, là par le bureau de bienfaisance, et de celles qui auraient besoin d'être assistées et qui ne peuvent l'être parce qu'il faut aller au plus malheureux (2). »

(1) R. P. Antoine, *Économie sociale*, p. 619.
(2) *Lettre pastorale sur la question ouvrière*, p. 18-19.

Si, dans un grand nombre de cas, le salaire est suffisant pour nourrir l'ouvrier célibataire, il est malheureusement trop souvent au-dessous de ce qu'il faudrait pour nourrir l'ouvrier marié.

J'ai dit pour « nourrir », mais est-ce là vraiment, en bonne justice, tout ce qu'on devrait demander au salaire?

Est-il suffisant quand il empêche la nichée de mourir de faim ou de froid? Ne devrait-il pas lui permettre aussi de durer dans des conditions en rapport avec les progrés des sociétés modernes? lui permettre d'entretenir non seulement son existence physique, mais aussi un peu son existence morale et intellectuelle?

Qui donc osera répondre que semblable désir est exagéré? Et cependant combien loin sommes-nous de sa réalisation!

Aussi le terrain est-il admirablement préparé pour que le germe révolutionnaire croisse et prospère. La misère en est l'agent de propagande le plus actif, sans oublier la démoralisation moderne et aussi la disparition de l'idée religieuse qui, du moins, jetait dans la dure existence du misérable une lueur d'espérance et de résignation.

Il ne faut donc pas s'étonner des progrès du collectivisme.

Quelques politiciens sans foi et sans scrupule ont compris la force qu'il recélait avec ses grandes formules vides de sens pratique, mais qui, comme toute spéculation philosophique non susceptible de se transformer en réalité concrète, constituent un véritable danger social.

Ils ont jeté en pâture à la foule affamée quelques-uns de ces grands mots capables de remuer les couches profondes des sociétés et qui, si nous n'y prenons garde, pourraient bien jeter bas l'édifice branlant de la nôtre.

Alfred Fouillée, dans son *Idée moderne du droit*, dit à juste raison que ce qui est vrai des individus est vrai des nations : elles ne vivent pas seulement de réalité, elles vivent d'idéal.

L'idéal, l'échappée sur l'infini dont nous avons vécu depuis un siècle, c'est l'idée de liberté. Prenons garde de lui laisser substituer dans la conscience populaire je ne sais quel faux idéal de justice appelant la haine et les luttes fratricides!

Souvenons-nous que dans cette société décadente le microbe du mal se développe très facilement, tandis que le microbe du bien meurt presque toujours faute de trouver des conditions de vie.

Ceux qu'on a appelés les « gréviculteurs » sont allés déjà bien loin dans leur œuvre de destruction. La Révolution sociale s'organise partout.

Le hasard de mes pérégrinations de par la France entreprises pour organiser la résistance en province, m'ont fait récemment visiter en une même quinzaine trois centres ouvriers importants où sévit la grève à trois dates différentes, je veux parler de Troyes, du Creusot et de Montceau-les-Mines.

Eh bien, j'ai pu constater que dans ces trois villes, la grève, née de la même façon, s'est développée de même, s'est terminée de même. Même évolution, même organisation, mêmes effets, mêmes chefs ! Je laisse de côté deux points suffisamment mis en lumière par la presse indépendante :

La grève a été déclarée sans l'ombre de revendications ouvrières.

Elle a profité à peu près exclusivement à l'étranger qui l'a soutenue.

Mais je veux insister sur l'histoire de leur développement.

D'abord ce que j'appellerai l'organisation du temps de paix. Dans toutes les usines les ouvriers sont encadrés par des camarades jeunes, intelligents, apôtres de l'idée révolutionnaire. Ceux-ci se livrent à une propagande continue, restent en relations constantes avec des chefs de groupe ; ils prennent peu à peu un ascendant considérable sur ceux qui les entourent.

Quand de Paris arrive l'ordre de se mettre en grève, nos mineurs travaillent les esprits, insinuent, menacent au besoin.

Le règne de la terreur commence, les grévistes sont les maîtres incontestés, ils saccagent les maisons des réfractaires, organisent des patrouilles qui se répandent dans les campagnes avoisinantes, les pillent et rapportent de quoi se nourrir. A Montceau on m'a cité des familles qui n'avaient pas réintégré leur domicile durant des mois par crainte de représailles.

L'immoralité la plus éhontée se fait jour. M. le sous-préfet a pu envoyer de Montceau à Zola l'assurance que sa description des gestes de la Mouquette était au-dessous de la vérité, et que, si la population décroît, ce n'est pas de la faute des grévistes qui se livraient à la propagande par le fait en pleine place publique contre ce danger !

Tous ces désordres, d'ailleurs, achèvent de donner à la rue l'aspect d'un camp où bivouaquent des mercenaires, fils de ceux de Tilly et de Mansfeld ! Chaque matin les chefs de bande passent la revue de leurs troupes, puis, drapeau en tête, on défile dans la ville aux sons d'une section de clairons !

La troupe marche en cadence, scandant le pas à l'aide de refrains révolutionnaires et de cris divers ! Cris de menace et de haine, cris de mort qui s'élèvent de toutes ces poitrines et qui me font frémir à la pensée que ces clameurs s'élèveront bientôt peut-être par toute la France, donnant le signal de la curée.

L'armée révolutionnaire est donc organisée, elle se livre à des manœuvres partielles, elle a ses revues d'effectif, ses exercices de mobilisation, grâce aux grèves !

Assisterons-nous plus longtemps impassibles à cette mise en œuvre monstrueuse et criminelle? N'avons-nous pas vu à Montceau, notamment, ce que portaient les contre-syndicats et attendrons-nous que les faux bergers aient inculqué dans les esprits le mensonge et la haine pour prêcher trop tard l'amour et la vérité ?

Ne montrerons-nous pas à ces malheureux qu'en attendant le paradis qui, suivant Jaurès, enchantera le monde dans quelques siècles, ils tuent de leurs propres mains la poule aux œufs d'or, se préparent des jours encore plus misérables en se faisant les complices de l'étranger, en ruinant l'industrie nationale ?

Et vous tous qui prétendez vous désintéresser de la politique et de notre œuvre, songez-y ! Songez que l'orage gronde et menace, que, s'il déferle demain, il pourra bien enlever dans une même trombe vos écus, votre quiétude, votre liberté... et peut-être même vos têtes !

Léon Fatoux.

TABLE DES MATIÈRES

Imp. G. CHAPONET, 7, rue Bleue, Paris-IX°

174

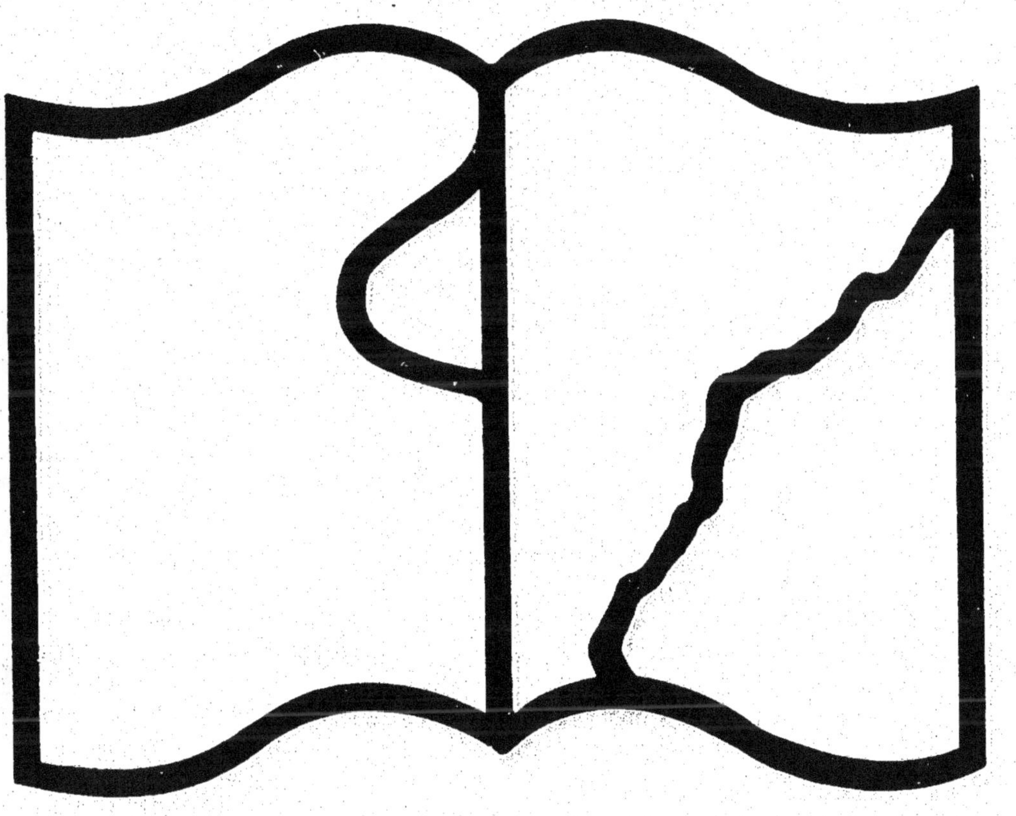

Texte détérioré — reliure défectueuse

NF Z 43-120-11

Contraste insuffisant

NF Z 43-120-14